D1934186

Frohe Weihnachten
und ein gutes neues
Jahr 2004 wünsche
ich Dir, liebe Manuela!

In diesem kleinen Büchlein
stehen viele große Weisheiten
drin, viel Spaß beim Schmökern!

Anke

Guter Rat

Lebensweisheit aus der Bibel

Deutsche Bibelgesellschaft

ISBN 3-438-04404-8

Bibeltexte:
Gute Nachricht Bibel, revidierte Fassung,
durchgesehene Ausgabe in neuer Rechtschreibung

Lutherbibel, revidierte Fassung 1984 (L),
durchgesehene Ausgabe in neuer Rechtschreibung

Illustrationen: Irmhild Reinker-Schlüter
Redaktion: Bettina Hoy
Satz: Digitalwerk Bauer, Waiblingen

Printed in Germany

Inhalt

Anstelle eines Vorworts: Was ist Lebensweisheit?

Unser Leben lang lernen wir. Als Kinder lernen wir, was Eltern und Lehrer uns beibringen, erklären und zeigen, aber wir machen auch unsere eigenen Erfahrungen, was uns gut tut und was nicht, wir beobachten und wir erwerben Fähigkeiten. Später lernen wir, was uns interessiert und was wir für unseren Beruf brauchen, wir werden Profis für bestimmte Tätigkeiten. Auch die Lehren, die uns das Leben beibringt, setzen sich fort, wir erfahren, was lebensförderlich ist und was nicht, ja, wir erlernen regelrecht die Kunst zu leben. All diese Fähigkeiten nennt die Bibel »Weisheit«. Wer weise ist, beherrscht etwas besonders gut, sei es ein Handwerk, sei es eine Wissenschaft, sei es die Kunst, das Leben zu meistern. All dies ist für die Bibel jedoch untrennbar verbunden mit dem Wissen um Gott als den weisen Schöpfer und Erhalter des Lebens. Deshalb gehört zur Weisheit zugleich das unerschütterliche Vertrauen darauf, dass das, was dem Leben gut tut, im Willen Gottes liegt. Deshalb sind auch die Gebote Ausdruck von Lebensweisheit. Sie dienen dem Leben, indem sie helfen, es zu schützen und gut zu gestalten.

Lebensweisheit ist ein Erfahrungsschatz, der von einer Generation an die andere weitergegeben wird.

Deshalb haben die Weisen Israels, die Gelehrten ihres Volkes, Lebenserfahrungen aufgeschrieben oder aufschreiben lassen.
Wenn wir mit wachem Sinn leben und bereit sind, eigene und fremde Erfahrungen anzunehmen, Vergangenes nicht einfach zu vergessen sowie über unser Handeln nachzudenken, vielleicht sogar umzudenken und anders zu handeln, dann hilft uns Lebensweisheit – nicht nur unsere eigene – zu einem guten Leben.

Wie glücklich ist ein Mensch,
der Freude findet an den Weisungen des Herrn,
der Tag und Nacht in seinem Gesetz liest
und darüber nachdenkt.
Er gleicht einem Baum, der am Wasser steht;
Jahr für Jahr trägt er Frucht,
sein Laub bleibt grün und frisch.
Was immer ein solcher Mensch unternimmt,
es gelingt ihm gut. *Psalm 1,2-3*

Strebt nach Erkenntnis
statt nach Schmuck aus Gold!
Ihr wisst doch: »Weisheit ist besser als Juwelen,
sie ist mit nichts vergleichbar,
was ein Mensch sich wünschen könnte!«
Ich bin die Weisheit.
Ich bin vertraut mit der Klugheit

und weiß umsichtig zu überlegen.
Dem Herrn gehorchen heißt: das Böse hassen.
Ich verabscheue Überheblichkeit und Hochmut,
unrechtes Tun und lügnerisches Reden.
Ich mache Pläne und führe sie auch aus;
ich habe die Einsicht und auch die Macht.
Wer mich sucht, wird mich finden.
Was ihr von mir bekommt,
ist besser als das feinste Gold,
wertvoller als das reinste Silber.
Wo Menschen nach Gottes Willen fragen
und einander gerecht behandeln,
dort bin ich mit Sicherheit zu finden,
um denen, die mich lieben, Besitz zu geben
und ihre Häuser mit Schätzen zu füllen.

Sprichwörter 8,10-14.17.19-21

Trenne dich nie von der Weisheit,
sie wird dich beschützen.
Liebe sie, dann lebst du in Sicherheit.
Weisheit ist das Allerwichtigste;
darum gib notfalls alles hin, um sie zu erwerben.

Sprichwörter 4,6-7

Mein Sohn, denk an meine Worte! Hüte meine Anweisungen wie einen Schatz! Wenn du leben willst, dann gib auf sie Acht wie auf dein eigenes

Auge. Behalte meine Weisungen immer bei dir, wie einen Ring an deinem Finger, schreibe sie dir tief ins Herz! Betrachte die Weisheit als deine Schwester und die Einsicht als deine beste Freundin. *Sprichwörter 7,1-4*

Wahrheit und Weisheit, Einsicht und Herzensbildung sind es wert, dass du sie dich etwas kosten lässt. Gib sie nie wieder her! *Sprichwörter 23,23*

Weisheit und Verstand sind ein sicheres Fundament, auf dem du dein Haus errichten kannst, und Wissen füllt seine Räume mit wertvollen und schönen Dingen. *Sprichwörter 24,3-4*

Mein Sohn, halte dich an die Weisungen deines Vaters! Vergiss nicht, was deine Mutter dich gelehrt hat! Lass dir die Worte deiner Eltern am Herzen liegen, so nahe wie das Schmuckstück, das du an einer Schnur um den Hals trägst. Diese Worte werden dich bei deiner Arbeit leiten, dich beschützen, während du schläfst, und dich beraten, sobald du wieder aufgewacht bist.
Was Vater und Mutter dir beibringen, ist wie eine helle Lampe für deinen Weg. Wenn sie dich ermahnen und zurechtweisen, leiten sie dich an zu einem erfüllten Leben. *Sprichwörter 6,20-23*

Den Herrn ernst nehmen ist der Anfang aller Erkenntnis. Wer ihn missachtet, verachtet auch Weisheit und Lebensklugheit. *Sprichwörter 1,7*

Der Weisheit Anfang ist die Furcht des Herrn, und den Heiligen erkennen, das ist Verstand.

Sprichwörter 9,10 (L)

Zeit und Lebenszeit

Stress, Hektik, Termindruck – es geht nicht anders: Wir müssen bestimmten terminlichen Verpflichtungen nachkommen und Absprachen einhalten, wir müssen eine Arbeit zu einer bestimmten Zeit fertig haben, wir müssen bei manchen Dingen einfach rechtzeitig da sein und anderen zuvorkommen. Wie gut, wenn es danach wieder eine Verschnaufpause gibt, eine Zeit der Erholung; wie gut, wenn man sich darauf verlassen kann, dass die Zeit zum Ausruhen sicher kommt – für die ganze Gesellschaft. Nur so können wir wirklich ausspannen. Nur so können wir neue Kräfte sammeln. Arbeit ohne Pause macht krank.

Manchmal setzen wir Dinge absolut: eine Aufgabe, ein Vorhaben, ein Problem, ein Glück, ein Gefühl, eine Wahrheit, einen Verlust. Dann denken oder fürchten oder wünschen wir, es würde für alle Zeit so bleiben, aber alles verändert sich mit der Zeit. Auch wir selbst.

Das Leben verändert uns. Wir alle werden älter. Was hat uns geprägt? Was hat uns zu dem gemacht, was und wie wir sind? Wie kann man sich selbst und seine Gegenwart besser verstehen? Woher kommen wir? Worauf können wir uns verlassen? Wie leben Alt und Jung zusammen? Gibt es Vorzüge der Jugend oder des Alters? Ist uns genügend bewusst, dass wir nicht unendlich viel Zeit haben, dass unser Leben vergänglich ist? Wie kann man mit dieser Wahrheit leben?

Arbeitszeit

Sechs Tage in der Woche sollt ihr arbeiten; aber am siebten Tag dürft ihr keine Arbeit tun. Das gilt auch für die Zeit des Pflügens und Erntens.

2 Mose/Exodus 34,21

Sechs Tage sollt ihr arbeiten; aber am siebten Tag ist ein strenger Ruhetag, ein heiliger Tag, der dem Herrn gehört. Niemand darf an diesem Tag eine Arbeit verrichten. Der Sabbat gehört dem Herrn. Diese Anordnung gilt überall, an allen euren Wohnsitzen. *3 Mose/Levitikus 23,3*

Alles hat seine Zeit

Ein jegliches hat seine Zeit, und alles Vorhaben unter dem Himmel hat seine Stunde:
geboren werden hat seine Zeit, sterben hat seine Zeit; pflanzen hat seine Zeit, ausreißen, was gepflanzt ist, hat seine Zeit; töten hat seine Zeit, heilen hat seine Zeit; abbrechen hat seine Zeit,

bauen hat seine Zeit; weinen hat seine Zeit, lachen hat seine Zeit; klagen hat seine Zeit, tanzen hat seine Zeit; Steine wegwerfen hat seine Zeit, Steine sammeln hat seine Zeit; herzen hat seine Zeit, aufhören zu herzen hat seine Zeit; suchen hat seine Zeit, verlieren hat seine Zeit; behalten hat seine Zeit, wegwerfen hat seine Zeit; zerreißen hat seine Zeit, zunähen hat seine Zeit; schweigen hat seine Zeit, reden hat seine Zeit; lieben hat seine Zeit, hassen hat seine Zeit; Streit hat seine Zeit, Friede hat seine Zeit.
Er hat alles schön gemacht zu seiner Zeit, auch hat er die Ewigkeit in ihr Herz gelegt; nur dass der Mensch nicht ergründen kann das Werk, das Gott tut, weder Anfang noch Ende.

Kohelet/Prediger 3,1-8.11 (L)

Vergangenheit

Erinnert euch an ferne Zeiten,
fragt eure Väter, wie es früher war,
und eure Alten fragt, woher ihr kommt!

5 Mose/Deuteronomium 32,7

Hör gut zu, wenn die Alten erzählen; auch sie haben es von ihren Vätern gehört. Durch sie gewinnst du Einsicht und lernst, wie du antworten musst, wenn es darauf ankommt. *Sirach 8,9*

Ich will euch an frühere Zeiten erinnern,
euch Gottes geheimnisvolle Führungen zeigen.
Wir kennen das alles seit langen Jahren,
weil wir immer wieder davon hörten,
wenn unsere Väter es uns erzählten.
Wir wollen es unseren Kindern
nicht verschweigen.
Auch die kommende Generation soll hören
von der Macht des Herrn,
von seinen Wundern,
von allen Taten, für die wir ihn preisen.

Psalm 78,2-4

Im Vorbeigehen sah Jesus einen Mann, der von Geburt blind war. Die Jünger fragten Jesus: »Rabbi, wer ist schuld, dass er blind geboren wurde? Wer hat hier gesündigt, er selbst oder seine Eltern?« Jesus antwortete: »Weder er ist schuld noch seine Eltern. Er ist blind, damit Gottes Macht an ihm sichtbar wird«. *Johannes 9,1-3*

Frage nicht: »Warum war früher alles besser als heute?« Damit verrätst du nur, dass du das Leben noch nicht kennst. *Kohelet/Prediger 7,10*

Alt und Jung

Junge Männer können stolz sein auf ihre Kraft und die Alten auf ihr graues Haar.

Sprichwörter 20,29

Die Alten sind stolz auf ihre Enkel und die Kinder auf ihre Väter. *Sprichwörter 17,6*

Ihr Väter, behandelt eure Kinder nicht zu streng, damit sie nicht entmutigt werden! *Kolosser 3,21*

Ihr Väter, behandelt eure Kinder nicht so, dass sie widerspenstig werden! Erzieht sie mit Wort und Tat so, wie es dem Herrn gemäß ist. *Epheser 6,4*

Bring einem Kind am Anfang seines Lebens gute Gewohnheiten bei, es wird sie auch im Alter nicht vergessen. *Sprichwörter 22,6*

Schließlich sollen nicht die Kinder für ihre Eltern sorgen, sondern die Eltern für ihre Kinder.

2 Korinther 12,14

Auch jetzt, wo ich alt und grau geworden bin,
verlass mich nicht, mein Gott!
Kindern und Enkeln will ich erzählen,

wie mächtig du bist
und wie gewaltig deine Taten sind. *Psalm 71,18*

Geh dorthin, wo die Alten beieinander sitzen. Und wenn du einen Weisen unter ihnen findest, halte dich zu ihm! *Sirach 6,34*

Mein Sohn, bemühe dich um Bildung von deiner Jugend bis ins hohe Alter, dann wirst du weise werden. *Sirach 6,18*

Wenn du in der Jugend keine Erfahrung gesammelt hast, kannst du im Alter nicht darauf zurückgreifen. Klares Urteil und hilfreicher Rat passen gut zu weißem Haar. *Sirach 25,3-4*

Es heißt: »Ein junger Mann, der arm ist, aber gelernt hat, sein Leben richtig zu führen, ist besser als ein alter, eigensinniger König, der keinen Rat mehr annimmt.« *Kohelet/Prediger 4,13*

Alter bringt Ehre, heißt es; aber was wirklich Ehre bringt, misst sich nicht nach der Zahl der Jahre.
Weisheit 4,8

Es heißt, die alten Leute hätten Weisheit,
ihr hohes Alter gäbe ihnen Einsicht.

Bei Gott ist wirklich Weisheit, Rat und Einsicht
und auch die Macht, Geplantes auszuführen.

Ijob 12,12-13

Ich sagte mir: »Erst soll das Alter reden,
Erfahrung langer Jahre hat den Vortritt.«
Doch was den Menschen klug macht,
ist der Geist,
der Hauch, den Gott ihm eingeblasen hat.
Ob einer weise ist, liegt nicht am Alter;
was recht ist,
weiß man nicht aufgrund der Jahre. *Ijob 32,7-9*

Freu dich, junger Mensch! Sei glücklich, solange du noch jung bist! Tu, was dir Spaß macht, wozu deine Augen dich locken! Aber vergiss nicht, dass Gott für alles von dir Rechenschaft fordern wird. Halte dir den Ärger von der Seele und die Krankheit vom Leib. Jugend und dunkles Haar sind so vergänglich. *Kohelet/Prediger 11,9-10*

Eifersucht und Ärger verkürzen das Leben und
Sorgen machen vorzeitig alt. *Sirach 30,24*

Verachte niemand, weil er altersschwach ist;
auch einige von uns kommen noch so weit!

Sirach 8,6

Vergänglichkeit

Wir alle altern und nutzen uns ab wie ein Gewand; es ist ein uraltes Gesetz: »Mensch, du musst sterben!« Die Blätter am Baum welken und fallen ab und neue wachsen nach. So ist es auch mit den Geschöpfen aus Fleisch und Blut: Eine Generation stirbt und eine neue wird geboren.

Sirach 14,17-18

Es geht uns nicht anders als allen unseren Vorfahren: Wir wohnen nur wie Gäste oder Fremde in diesem Land, das du uns gegeben hast, denn unser Leben auf der Erde ist vergänglich wie ein Schatten, ohne Hoffnung auf Dauer. *1 Chronik 29,15*

Darum iss dein Brot und trink deinen Wein und sei fröhlich dabei! So hat es Gott für die Menschen vorgesehen und so gefällt es ihm. Nimm das Leben als ein Fest: Trag immer frisch gewaschene Kleider und sprenge duftendes Öl auf dein Haar! Genieße jeden Tag mit der Frau, die du liebst, solange das Leben dauert, das Gott dir unter der Sonne geschenkt hat, dieses vergängliche und vergebliche Leben. Denn das ist der Lohn für die Mühsal und Plage, die du hast unter der Sonne.

Wenn sich dir die Gelegenheit bietet, etwas zu tun, dann tu es mit vollem Einsatz. Denn du bist unterwegs zu dem Ort, von dem kein Mensch wiederkehrt. Wenn du tot bist, ist es zu Ende mit allem Tun und Planen, mit aller Einsicht und Weisheit.
Niemand weiß, wann seine Zeit kommt. Wie Fische, die plötzlich ins Netz geraten, wie Vögel, über denen die Falle zuschlägt, so gehen die Menschen in die Schlinge. Der Tod ereilt sie, wenn sie am wenigsten daran denken. *Kohelet/Prediger 9,7-10.12*

Denk an dein Ende bei allem, was du tust; dann wirst du nie etwas Unrechtes tun. *Sirach 7,36*

Tod – wie bitter ist der Gedanke an dich für jemand, der zufrieden und sorgenfrei in seinem Heim lebt, dem alles gelingt und der noch genügend bei Kräften ist, um Freuden zu genießen!
Tod – wie willkommen ist dein Urteilsspruch für jemand, der in Armut lebt, dessen Kräfte schwinden, der durch hohes Alter und viele Sorgen lebensmüde geworden ist, sich gegen alles auflehnt und die Geduld verloren hat!
Hab keine Angst vor dem Urteilsspruch des Todes! Denk an alle, die dir vorausgegangen sind, und an die, die nach dir kommen. *Sirach 41,1-3*

Siebzig Jahre sind uns zugemessen,
wenn es hoch kommt, achtzig –
doch selbst die besten davon
sind Mühe und Last!
Wie schnell ist alles vorbei
und wir sind nicht mehr!
Lass uns erkennen,
wie kurz unser Leben ist,
damit wir zur Einsicht kommen! *Psalm 90,10.12*

Werte und Persönlichkeit

Uns alle zeichnen bestimmte Eigenschaften aus, die uns gegeben sind. Aber gleichzeitig liegt es auch an uns selbst, unsere Persönlichkeit zu entwickeln. Dazu brauchen wir die Kritik, positive wie negative, von anderen. Dazu brauchen wir das Wissen um das, was es wert ist, dass wir es uns aneignen, und was wir uns lieber abgewöhnen sollten. Persönlichkeitstraining mit der Bibel? Wichtig ist auch die Einsicht in die Grenzen eines solchen Trainings, die Grenzen dessen, was wir selbst machen können. Dann können wir uns besinnen auf das Gute, das uns geschenkt wird, und darauf, welche Werte wirklich zählen.

Ehrlichkeit

Lieber arm und untadelig als dumm und hinterhältig! *Sprichwörter 19,1*

Es gibt eine Schlauheit, die so durchtrieben ist, dass sie unehrlich wird. Und es gibt eine Freundlichkeit, die jemand nur heuchelt, um zu bekommen, was er will. *Sirach 19,25*

Wer von Betrug lebt, findet anfangs Geschmack daran; aber hinterher hat er den Mund voll Sand.
Sprichwörter 20,17

Nur Vögel gleicher Art nisten zusammen; so kommt auch die Ehrlichkeit nur zu denen, die mit ihr leben wollen. *Sirach 27,9*

Wenn ein Herrscher auf Lügen hört, dann werden alle seine Untergebenen unehrlich. *Sprichwörter 29,12*

Schönheit

»Wer leuchtet so schön wie das Morgenrot,
so hell wie der Mond, wie der Sonne Strahl,
verwirrend wie Bilder im Wüstensand?«
Hoheslied 6,10

Mein Liebster ist blühend und voller Kraft,
nur einer von Tausenden ist wie er!
Sein schönes Gesicht ist so braun gebrannt,
sein Haar dicht und lockig und rabenschwarz.
Hoheslied 5,10-11

Preisen will ich deine Schönheit,
du bist lieblich, meine Freundin!

Deine Augen sind wie Tauben,
flattern hinter deinem Schleier.
Wie die Herde schwarzer Ziegen
talwärts vom Berg Gilead zieht,
fließt das Haar auf deine Schultern. *Hoheslied 4,1*

Anmut und Schönheit entzücken das Auge; aber noch mehr entzückt junges Grün auf den Feldern.
Sirach 40,22

Musik zu einem Festmahl mit Wein ist wie ein Rubin in einem goldenen Schmuckstück. Wie ein Smaragd in einem goldenen Siegelring, so ist eine schöne Melodie zusammen mit einem guten Wein. *Sirach 32,5-6*

Lobe niemand für sein gutes Aussehen; aber verabscheue auch niemand, wenn dir sein Anblick nicht gefällt! Die Biene ist klein im Vergleich mit anderen geflügelten Wesen; aber sie erzeugt die beste von allen Süßigkeiten. *Sirach 11,2-3*

Der Herr sagte zu Samuel: »Lass dich nicht davon beeindrucken, dass er groß und stattlich ist. Er ist nicht der Erwählte. Ich urteile anders als die Menschen. Ein Mensch sieht, was in die Augen fällt; ich aber sehe ins Herz.« *1 Samuel 16,7*

Nur Menschen ohne Verstand lassen sich durch den schönen Schein verführen. *Weisheit 15,5*

Selbstbewusstsein

Kennst du einen, der sich selbst für weise hält? Für einen Schwachsinnigen ist mehr Hoffnung als für ihn! *Sprichwörter 26,12*

Du magst dich für stark halten – ob du es bist, zeigt sich erst in der Not. *Sprichwörter 24,10*

Mein Kind, in aller Demut achte dich doch selbst, und halte dich nicht für weniger, als du bist; wer wird dem sein Recht geben, der sich selber schlecht macht, und wer wird dem Ehre geben, der sich selbst verachtet? *Sirach 10,31-32 (L)*

Auf Stolz folgt Sturz, nach Übermut kommt Untergang. *Sprichwörter 16,18*

Gib nicht an mit den Kleidern, die du trägst, und werde nicht hochmütig, wenn man dich ehrt. Denn was der Herr tut, kann der Mensch weder erkennen noch begreifen. *Sirach 11,4*

Selbstbeherrschung

Ein Mensch, der ruhig bleibt, zeigt, dass er Einsicht hat; wer aufbraust, zeigt nur seinen Unverstand.

Sprichwörter 14,29

Lass dich nicht aus der Ruhe bringen; nur Unverständige ärgern sich über alles. *Kohelet/Prediger 7,9*

Wenn ein Dummkopf gekränkt wird, zeigt er seinen Ärger sofort; Kluge beherrschen ihre Gefühle.

Sprichwörter 12,16

Geduld bringt weiter als Heldentum; sich beherrschen ist besser als Städte erobern.

Sprichwörter 16,32

Wie eine Stadt ohne Schutzwall, so ist ein Mann ohne Selbstbeherrschung. *Sprichwörter 25,28*

Der Wein macht zum Großmaul und das Bier zum Krakeeler; wer sich ständig betrinkt, wird niemals weise. *Sprichwörter 20,1*

Trink nicht so viel Wein, dass du betrunken wirst! Der Rausch ist ein schlechter Weggenosse.

Tobit 4,15

Wissen

Nur ein kluger Mann ist wirklich stark; durch Wissen vervielfacht er seine Kraft. *Sprichwörter 24,5*

»Wissen macht das Gesicht freundlich und lässt die strengen Falten verschwinden«, heißt es. Aber wer hat dieses Wissen und kann alles richtig erklären? *Kohelet/Prediger 8,1*

Denn unser Wissen ist Stückwerk. *1 Korinther 13,9 (L)*

Wer viel weiß, hat viel Ärger. Je mehr Erfahrung, desto mehr Enttäuschung. *Kohelet/Prediger 1,18*

Ein verständiger Mann trägt seine Klugheit nicht zur Schau; aber das Herz des Toren schreit seine Torheit hinaus. *Sprichwörter 12,23 (L)*

Pläne

Verlass dich nicht auf deinen Verstand, sondern setze dein Vertrauen ungeteilt auf den Herrn! Denk an ihn bei allem, was du tust; er wird dir den richtigen Weg zeigen. *Sprichwörter 3,5-6*

Gib nicht an mit dem, was du morgen vorhast! Du weißt ja nicht einmal, was dir heute zustößt.

Sprichwörter 27,1

Das Menschenherz macht Pläne – ob sie ausgeführt werden, liegt beim Herrn. *Sprichwörter 16,9*

Mein Sohn, beschäftige dich nicht mit zu vielen Dingen! Wenn du dir zu viel vornimmst, bleibst du nicht ungeschoren. Du mühst dich ab und erreichst doch nicht das Ziel; dann willst du aufgeben und kommst nicht mehr davon los.

Sirach 11,10

Pläne ohne Beratung schlagen fehl; durch gute Ratgeber führen sie zum Ziel. *Sprichwörter 15,22*

Guter Rat liegt tief im Menschenherzen wie Wasser in einem Brunnen; wer Verstand hat, holt ihn herauf. *Sprichwörter 20,5*

Verlass dich auf dein eigenes Gewissen, es ist dein zuverlässigster Ratgeber! Dein eigenes Empfinden sagt dir für gewöhnlich mehr als sieben Wächter, die auf einer Anhöhe Ausschau halten. Vor allem aber bitte Gott, den Höchsten, dich immer auf den richtigen Weg zu bringen. *Sirach 37,13-15*

Quält euch also nicht mit Gedanken an morgen; der morgige Tag wird für sich selber sorgen. Es genügt, dass jeder Tag seine eigene Last hat. *Matthäus 6,34*

Macht euch keine Sorgen um euer Leben, ob ihr etwas zu essen oder zu trinken habt, und um euren Leib, ob ihr etwas anzuziehen habt! Das Leben ist mehr als Essen und Trinken, und der Leib ist mehr als die Kleidung! *Matthäus 6,25*

Umgang mit anderen

Sei nicht neidisch auf das Glück schlechter Menschen; suche nicht ihre Freundschaft! *Sprichwörter 24,1*

Wer ein Auge verletzt, bringt Tränen hervor; wer ein Herz verletzt, bringt dessen wahre Gefühle zum Vorschein. *Sirach 22,19*

Freundlichkeit ist wie ein fruchtbarer, herrlicher Garten und Wohltaten bleiben für immer im Gedächtnis. *Sirach 40,17*

Durch freundliche Worte gewinnst du viele Freunde und einleuchtende Rede verschafft dir ihre Zustimmung. *Sirach 6,5*

Ein einsichtiger Mensch beachtet jede andere Meinung, aber ein hochmütiger nimmt auf nichts Rücksicht. *Sirach 32,18*

Kritik

Überlass es anderen, dich zu loben; besser ein fremder Mund lobt dich als dein eigener!

Sprichwörter 27,2

Wenn dich die Lust ankommt, dich selbst zu loben, ob zu Recht oder zu Unrecht, dann halte dir lieber den Mund zu! *Sprichwörter 30,32*

Wer lernen will, lässt sich gern zurechtweisen; wer keinen Tadel erträgt, bleibt dumm.

Sprichwörter 12,1

Wer Zurechtweisung verwirft, wirft sein Leben fort. Wer sich korrigieren lässt, kommt zu tieferer Einsicht. *Sprichwörter 15,32*

Sei bereit, dich korrigieren zu lassen, und spitze die Ohren, wenn du etwas lernen kannst.

Sprichwörter 23,12

Tadle keinen Eingebildeten, er wird dich hassen. Zeige dem Gebildeten seine Fehler und er wird dich dafür lieben. *Sprichwörter 9,8*

Zuverlässigkeit

Jesus sagte: »Wer in kleinen Dingen zuverlässig ist, wird es auch in großen sein, und wer in kleinen unzuverlässig ist, ist es auch in großen.«

Lukas 16,10

Häng deinen Mantel nicht nach dem Wind und tanz nicht auf jeder Hochzeit; beides tun doppelzüngige, charakterlose Menschen. Bleib entschieden bei deiner Überzeugung und steh zu dem, was du sagst. *Sirach 5,9-10*

Gesundheit und Krankheit

Solange sie vorhanden ist, scheint sie selbstverständlich – unsere Gesundheit. Aber wenn sie fehlt, wird uns plötzlich klar, welch kostbares Gut sie ist, wie zerbrechlich und ungeschützt. Dabei geht es sowohl um körperliche als auch seelische Gesundheit. Dass beide zusammenhängen, ist eine Einsicht, die wohl kaum jemand mehr anzweifelt. Auch wenn es letztendlich nicht in unserer Hand liegt, gesund zu bleiben, ist es doch auch nicht zu bestreiten, dass unsere Lebensweise Folgen für unsere Gesundheit hat. Was können wir also tun? Und wenn wir nichts mehr tun können, bringt eine hemmungslose Klage oft Erleichterung.

Psyche

Fröhlichkeit ist gut für die Gesundheit, Mutlosigkeit raubt einem die letzte Kraft.

Sprichwörter 17,22

Ein ausgeglichener Sinn erhält den Körper gesund; aber Eifersucht ist wie eine Krebsgeschwulst.

Sprichwörter 14,30

Ein freundlicher Blick erfreut das Herz und eine gute Nachricht stärkt die Glieder. *Sprichwörter 15,30*

Freundliche Worte sind wie Honig: süß für den Gaumen und gesund für den ganzen Körper.
Sprichwörter 16,24

Der Wille zum Leben unterwirft sich die Krankheit. Doch wie willst du mit einem zerbrochenen Willen leben? *Sprichwörter 18,14*

Wer unbedingt reich werden will, kommt um den Schlaf und magert ab. Das ständige Sorgen vertreibt den Schlaf wie eine schwere Krankheit.
Sirach 31,1-2

Essen

Der Wein macht den Menschen froh,
das Öl macht ihn schön,
das Brot macht ihn stark. *Psalm 104,15*

Ein fröhliches Herz sorgt für guten Appetit und auch für gute Verdauung. *Sirach 30,25*

Wer sich den Magen voll schlägt, bekommt Bauchschmerzen und kann nicht schlafen. Wer

beim Essen bescheiden ist, hat einen gesunden Schlaf, wacht am nächsten Morgen früh auf und fühlt sich wohl. *Sirach 31,20*

Mein Sohn, während deines ganzen Lebens prüfe dich selbst! Wenn du merkst, dass dir etwas nicht bekommt, dann verweigere es dir! Nicht jeder kann alles vertragen und nicht alles ist für alle gleich gut. Sei maßvoll bei jeder Art von Genuss, stürze dich nicht gierig auf das Essen!
Zu viel Essen macht krank und Maßlosigkeit führt nur zu Bauchschmerzen. Gefräßigkeit hat schon viele umgebracht; wer sie vermeidet, lebt länger.
Sirach 37,27-31

Wein

Der Wein kann dem Menschen Leben einflößen, wenn er maßvoll getrunken wird. Was wäre das Leben ohne Wein? Er war doch von Anfang an da, um uns zu erfreuen! Zur rechten Zeit und mäßig getrunken, gibt der Wein eine heitere Stimmung und ein fröhliches Herz. Doch im Übermaß getrunken, versetzt er in schlechte Laune, macht gereizt und streitsüchtig.
Wenn ein Dummkopf betrunken ist, steigert sich sein Ärger zum öffentlichen Ärgernis. Sein Rausch

nimmt ihm alle Kraft und bringt ihm außerdem noch Schläge ein. *Sirach 31,27-30*

Der Wein macht seine Augen funkeln
und Milch die Zähne blendend weiß.

1 Mose/Genesis 49,12

Trinke in Zukunft nicht nur Wasser! Nimm ein wenig Wein dazu, um deinen Magen zu stärken und weil du so oft krank bist.

1 Timotheus 5,23

Medizin

Ehre den Arzt mit gebührender Verehrung, damit du ihn hast, wenn du ihn brauchst;
denn der Herr hat ihn geschaffen, und die Heilung kommt von dem Höchsten, und Könige ehren ihn mit Geschenken. Die Kunst des Arztes erhöht ihn und macht ihn groß bei Fürsten und Herren.
Der Herr lässt die Arznei aus der Erde wachsen, und ein Vernünftiger verachtet sie nicht.
Und er hat solche Kunst den Menschen gegeben, um sich herrlich zu erweisen durch seine wunderbaren Mittel. Damit heilt er und vertreibt die Schmerzen, und der Apotheker macht Arznei da-

raus, damit Gottes Werke kein Ende nehmen und es Heilung durch ihn auf Erden gibt.
Mein Kind, wenn du krank bist, so missachte dies nicht; sondern bitte den Herrn, dann wird er dich gesund machen. Lass ab von der Sünde und handle rechtschaffen und reinige dein Herz von aller Missetat. Opfre lieblichen Geruch und feinstes Mehl zum Gedenkopfer, und gib ein fettes Opfer, als müsstest du sterben.
Danach lass den Arzt zu dir, denn der Herr hat ihn geschaffen; und weise ihn nicht von dir, denn du brauchst auch ihn. Es kann die Stunde kommen, in der dem Kranken allein durch die Hand der Ärzte geholfen wird; denn auch sie werden den Herrn bitten, dass er's ihnen gelingen lässt, damit es sich mit ihm bessert und er gesund wird und wieder für sich sorgen kann.
Wer vor seinem Schöpfer sündigt, der soll dem Arzt in die Hände fallen! *Sirach 38,1-4.6-15 (L)*

Wert der Gesundheit

Es ist besser, arm zu sein und dabei frisch und gesund als reich und nicht gesund. Gesund und frisch sein ist besser als alles Gold, und ein gesunder Körper ist besser als großes Gut. Kein Reichtum ist zu vergleichen mit einem gesunden Körper, und kein Gut gleicht der Freude des Herzens. Der Tod ist besser als ein bitteres Leben und ewige Ruhe besser als stete Krankheit. Ein gutes Gericht vor einem Mund, der nicht essen kann, ist wie die Speise, die man einem Toten aufs Grab stellt.

Sirach 30,14-18 (L)

Klagen

Gebeugt von Schmerzen,
zerschlagen und voll Kummer
schleppe ich mich von einem Tag zum andern.
Tief in mir fühle ich das Fieber brennen,
am ganzen Körper ist kein heiler Fleck.
Mit meiner Kraft bin ich völlig am Ende,
die Qual ist zu groß,
ich kann nur noch schreien.
Du weißt, wonach ich mich sehne, Herr!
Du hast doch all mein Stöhnen gehört!
Mein Herzschlag flattert,
meine Kraft ist fort,
selbst meine Augen versagen mir den Dienst.
Herr, lass mich nicht im Stich,
bleib nicht fern von mir, mein Gott!
Komm, hilf mir bald, Herr, du mein Retter!

Psalm 38,7-11.22-23

Glück und Unglück

Freude und Traurigkeit durchziehen beide unser Leben, mal mehr das eine, mal mehr das andere. Dass wir beides empfinden, ist ein Zeichen unserer Lebendigkeit. Oft sieht es so aus, als könnten wir nicht einsehen und beeinflussen, wann und warum wir glücklich oder traurig sind. Aber vielleicht lassen sich doch manchmal bestimmte Bedingungen dafür erkennen?

Worte

Sorgen drücken einen Menschen nieder; ein gutes Wort richtet ihn auf. *Sprichwörter 12,25*

Die Worte mancher Leute sind wie Messerstiche; die Worte weiser Menschen bringen Heilung. *Sprichwörter 12,18*

Heilende Worte helfen zum Leben; böswilliges Reden zerstört jeden Lebensmut. *Sprichwörter 15,4*

Die Worte eines guten Menschen tun wohl; was die Unheilstifter sagen, tut weh. *Sprichwörter 10,32*

Aushalten

Trauern ist besser als Lachen; denn durch Trauern wird das Herz gebessert. *Kohelet/Prediger 7,3 (L)*

Wenn eine Frau ein Kind zur Welt bringt, leidet sie Angst und Schmerzen; aber wenn das Kind geboren ist, denkt sie nicht mehr daran, was sie ausgestanden hat, und ist nur noch glücklich, dass ein Mensch zur Welt gekommen ist.

Johannes 16,21

Langes Warten macht das Herz krank; aber ein erfüllter Wunsch gibt ihm neues Leben.

Sprichwörter 13,12

Mein Sohn, wenn jemand stirbt, dann weine und klage über ihn. Zeig, dass es dir nahe geht! Gib ihm ein ordentliches Begräbnis und vernachlässige sein Grab nicht. Klage laut über seinen Tod und vergieß heiße Tränen. Ehre ihn, wie es sich gehört, und halte die Trauerzeit ein, einen Tag oder zwei, um das Gerede der Leute zu vermeiden. Dann aber fasse dich wieder in deinem Schmerz! Die Trauer kann dir alle Kraft rauben und dir sogar den Tod bringen. *Sirach 38,16-18*

Gebt starkes Getränk denen, die am Umkommen sind, und Wein den betrübten Seelen, dass sie trinken und ihres Elends vergessen und ihres Unglücks nicht mehr gedenken.

Sprichwörter 31,6-7 (L)

Menschen

Duftendes Öl und Weihrauch geben eine festliche Stimmung; aber noch beglückender als süße Düfte ist die Zuneigung eines Menschen. *Sprichwörter 27,9*

Es ist eine glückliche Stunde, wenn du einem Freund oder Gefährten begegnest; aber noch glücklicher ist es, wenn Frau und Mann einander begegnen. *Sirach 40,23*

Kinder sind ein Geschenk des Herrn,
mit ihnen belohnt er die Seinen. *Psalm 127,3*

Positiv denken

Gib dich nicht dem Trübsinn hin, quäl dich nicht selbst mit nutzlosem Grübeln! Freude und Fröhlichkeit verlängern das Leben des Menschen und machen es lebenswert. Überrede dich selbst zur

Freude, sprich dir Mut zu und vertreibe den Trübsinn! Der hat noch nie jemand geholfen, aber viele hat er umgebracht. *Sirach 30,21-23*

Wein und Musik erfreuen das Herz; aber noch mehr erfreut die Liebe zur Weisheit. *Sirach 40,20*

Wechselfälle

Hinter dem Lachen kann sich Traurigkeit verbergen; wenn dann die Freude vorüber ist, ist der Schmerz noch da. *Sprichwörter 14,13*

Sage nicht: Wie viel fehlt mir noch und was werde ich künftig besitzen? Sage aber auch nicht: Ich habe genug, was kann mir künftig zustoßen? Wenn dir's gut geht, so bedenke, dass dir's wieder schlecht gehen kann; und wenn dir's schlecht geht, so bedenke, dass dir's wieder gut gehen kann. *Sirach 11,24-26 (L)*

Lieben und Hassen

Alt wie die Welt sind die Liebe und ihre Kehrseite, der Hass. Unendlich viel wurde und wird darüber nachgedacht, geredet, geschrieben, gesungen... Menschen können sich der Macht dieser Gefühle nicht entziehen, große und beglückende Gefühle, aber auch Gefühle, unter denen Menschen unendlich leiden können. Sie sind ein »Dauerbrenner«, der uns nie loslassen wird. Dabei ist Liebe weit mehr als nur die Liebe zwischen Mann und Frau.

Was ist Liebe?

Keine Wunde ist schlimmer als verwundete Liebe.
Sirach 25,13

Ich habe über alles nachgedacht und bin zu der Einsicht gekommen, dass auch die Klugen und Rechtschaffenen in allem, was sie tun, von Gott abhängig sind. Nicht einmal, warum sie lieben oder hassen, wissen sie. *Kohelet/Prediger 9,1*

Ihr Lieben, lasst uns einander lieb haben; denn die Liebe ist von Gott, und wer liebt, der ist von Gott geboren und kennt Gott. Wer nicht liebt, der kennt Gott nicht; denn Gott ist die Liebe.

1 Johannes 4,7-8 (L)

Meine Kinder, unsere Liebe darf nicht nur aus schönen Worten bestehen. Sie muss sich in Taten zeigen, die der Wahrheit entsprechen: der Liebe, die Gott uns erwiesen hat. *1 Johannes 3,18*

Wenn ich mit Menschen- und mit Engelzungen redete und hätte die Liebe nicht, so wäre ich ein tönendes Erz oder eine klingende Schelle.
Die Liebe ist langmütig und freundlich, die Liebe eifert nicht, die Liebe treibt nicht Mutwillen, sie bläht sich nicht auf, sie verhält sich nicht ungehörig, sie sucht nicht das Ihre, sie lässt sich nicht erbittern, sie rechnet das Böse nicht zu, sie freut sich nicht über die Ungerechtigkeit, sie freut sich aber an der Wahrheit; sie erträgt alles, sie glaubt alles, sie hofft alles, sie duldet alles.
Die Liebe hört niemals auf, wo doch das prophetische Reden aufhören wird und das Zungenreden aufhören wird und die Erkenntnis aufhören wird. Denn unser Wissen ist Stückwerk und unser prophetisches Reden ist Stückwerk. Wenn aber kommen wird das Vollkommene, so wird das Stückwerk aufhören.

Nun aber bleiben Glaube, Hoffnung, Liebe, diese drei; aber die Liebe ist die größte unter ihnen.

1 Korinther 13,1.4-10.13 (L)

Nächstenliebe

Räche dich nicht an deinem Mitmenschen und trage niemand etwas nach.
Liebe deinen Mitmenschen wie dich selbst.
Ich bin der Herr! *3 Mose/Levitikus 19,18*

An Liebe und Treue zu anderen soll es bei dir niemals fehlen. Schmücke dich damit wie mit einer Halskette! So findest du Beifall und Anerkennung bei Gott und den Menschen. *Sprichwörter 3,3-4*

Wenn du anderen Güte und Liebe erweist, findest du Gegenliebe, Ansehen und ein erfülltes Leben.

Sprichwörter 21,21

Liebe, die offen tadelt, ist besser als eine, die ängstlich schweigt. *Sprichwörter 27,5*

Wo aber Liebe und Treue herrschen, da bewirken sie Frieden und Wohlstand, Ruhe und Sicherheit.

Jesaja 32,17

Erhebt euch nicht über andere, sondern seid immer freundlich. Habt Geduld und sucht in Liebe miteinander auszukommen. *Epheser 4,2*

Liebe zwischen Frau und Mann

Das schönste aller Lieder, von Salomo.
Komm doch und küss mich!
Deine Liebe berauscht mich
mehr noch als Wein.
Weithin verströmen
deine kostbaren Salben
herrlichen Duft.
Jedermann kennt dich,
alle Mädchen im Lande
schwärmen für dich!
Komm, lass uns eilen,
nimm mich mit dir nach Hause,
fass meine Hand!
Du bist mein König!
Deine Zärtlichkeit gibt mir
Freude und Glück.
Rühmen und preisen
will ich stets deine Liebe,
mehr als den Wein!
Mädchen, die schwärmen,

wenn dein Name genannt wird,
schwärmen zu Recht!
Sag mir, Geliebter,
wo kann ich dich finden? *Hoheslied 1,1-4.7*

Wie glücklich du mich machst
mit deiner Zärtlichkeit!
Mein Mädchen, meine Braut,
ich bin von deiner Liebe
berauschter als von Wein.
Du duftest süßer noch
als jeder Salbenduft. *Hoheslied 4,10*

Lege mich wie ein Siegel auf dein Herz,
wie ein Siegel auf deinen Arm.
Denn Liebe ist stark wie der Tod
und Leidenschaft unwiderstehlich
wie das Totenreich.
Ihre Glut ist feurig
und eine Flamme des Herrn,
sodass auch viele Wasser die Liebe
nicht auslöschen
und Ströme sie nicht ertränken können.
Wenn einer alles Gut in seinem Hause
um die Liebe geben wollte,
so könnte das alles nicht genügen.
Hoheslied 8,6-7 (L)

Deshalb verlässt ein Mann Vater und Mutter, um mit seiner Frau zu leben. Die zwei sind dann eins, mit Leib und Seele. *1 Mose/Genesis 2,24*

Plage nicht die Frau, die du liebst, mit eifersüchtigen Verdächtigungen; damit brächtest du sie nur auf böse Gedanken gegen dich. *Sirach 9,1*

Gottesliebe

Wir jedenfalls haben erkannt und halten im Glauben daran fest, dass Gott uns liebt. Gott ist Liebe. Wer in der Liebe lebt, lebt in Gott und Gott lebt in ihm. *1 Johannes 4,16*

Ihr, die ihr den Herrn liebt, hasst alles Böse!
Ihr gehört zu ihm,
darum bewahrt er euer Leben;
er befreit euch aus der Gewalt der Verbrecher.
Psalm 97,10

Wenn jemand behauptet: »Ich liebe Gott«, und dabei seinen Bruder oder seine Schwester hasst, dann lügt er. Wenn er seine Glaubensgeschwister, die er sieht, nicht liebt, dann kann er Gott, den er nicht sieht, erst recht nicht lieben. *1 Johannes 4,20*

Hass

Als seine Brüder sahen, dass der Vater ihn mehr liebte als sie alle, begannen sie ihn zu hassen und konnten kein freundliches Wort mehr mit ihm reden. *1 Mose/Genesis 37,4*

Nur du, Gott, befreist uns von unseren Feinden und stürzt die in Schande, die uns hassen. *Psalm 44,8*

Wer Hass geheim halten will, muss lügen; wer alles ausposaunt, muss verrückt sein! *Sprichwörter 10,18*

Lieber eine Schüssel Kraut unter Freunden als der schönste Braten, übergossen mit Hass.
Sprichwörter 15,17

Hass sucht Streit, Liebe sucht Verständigung.
Sprichwörter 10,12

Ein gehässiger Mensch ist voller Falschheit, aber er versteckt sie hinter Schmeichelworten.
Und wenn er noch so freundlich redet, glaub ihm nicht! Er hat alle erdenklichen Teufeleien im Sinn. Seinen Hass mag er eine Weile verbergen können, aber schließlich wird er von allen durchschaut.
Sprichwörter 26,24-26

Ein Mensch dagegen kann in seinem Hass zwar töten, aber nicht wieder zum Leben erwecken; er kann die Seele, die einmal in die Totenwelt gelangt ist, nicht wieder daraus befreien. *Weisheit 16,14*

Kein Angriff ist gefährlicher als ein Angriff von Menschen, die hassen. Keine Vergeltung ist grausamer als die Vergeltung der Feinde. *Sirach 25,14*

Lieber mit einem Löwen oder Drachen zusammenwohnen als mit einer bösen Frau! *Sirach 25,16*

Denk an dein Ende, an Tod und Verwesung, die dich erwarten; hör auf zu hassen und halte dich an die Gebote! *Sirach 28,6*

Freunde und Fremde

Unser Leben wird reich durch die verschiedenen Menschen, die wir kennen lernen. Wir sind umgeben von Menschen, die zunächst für uns Fremde sind, aber unter bestimmten Bedingungen zu Freunden werden – weil sie uns sympathisch sind, weil wir »auf einer Wellenlänge« sind. Anders als die Verwandten haben wir uns unsere Freunde selbst gewählt. Ein Mensch ohne Freunde ist arm. Freundschaft ist ein großer Schatz. Aber es ist nicht selbstverständlich, dass Menschen Freunde werden und bleiben. Wir müssen etwas dafür tun. Was bedeutet Freundschaft für uns? Wie können wir sie gestalten? Welche Schwierigkeiten kann es dabei geben? Welche Erfahrungen machen wir mit Freunden – gute und schmerzliche? Wie leben wir zusammen mit denen, die für uns Fremde sind und bleiben?

Echte Freundschaft

Jonatan schloss einen Freundschaftsbund mit David. »Du bist mir so lieb wie mein eigenes Leben«, sagte Jonatan zu David. Dabei zog er Mantel und Rüstung aus und bekleidete David damit, auch sein Schwert, seinen Bogen und seinen Gürtel schenkte er ihm. *1 Samuel 18,3-4*

Rechtschaffene Menschen lassen sich von ihren Freunden den Weg zeigen, aber alle, die das Unrecht lieben, gehen in die Irre.

Sprichwörter 12,26

Ein Freund steht allezeit zu dir, auch in Notzeiten hilft er dir wie ein Bruder. *Sprichwörter 17,17*

So genannte Freunde können dich ruinieren; aber ein echter Freund hält fester zu dir als ein Bruder.

Sprichwörter 18,24

Eine offene, ehrliche Antwort ist ein Zeichen von wahrer Freundschaft. *Sprichwörter 24,26*

Ein Freund bleibt dein Freund, auch wenn er dir wehtut; ein Feind überfällt dich mit übertrieben vielen Küssen. *Sprichwörter 27,6*

Gib keinen alten Freund auf; ein neuer kann ihn dir niemals ersetzen! Mit einem neuen Freund ist es wie mit dem Wein: Erst wenn er alt geworden ist, schmeckt er richtig. *Sirach 9,10*

Tu deinem Freund Gutes, bevor du stirbst; gib ihm so großzügig, wie du kannst! *Sirach 14,13*

Wenn du hörst, dein Freund habe etwas Falsches getan, dann warne ihn, dass er es nicht wieder tut! *Sirach 19,13*

Ich will mich nie scheuen, einen Freund zu verteidigen; ich werde mich ihm nie entziehen, wenn er mich braucht. *Sirach 22,25*

Bleib deinem Freund in seiner Armut treu, damit du dich mit ihm freuen kannst, wenn's ihm wieder gut geht. Halt zu ihm, wenn's ihm schlecht geht, damit du auch sein Glück mit ihm teilen kannst. *Sirach 22,28-29 (L)*

Einen Freund darfst du nie vergessen, erst recht nicht, wenn du reich wirst. *Sirach 37,6*

Wert der Freundschaft

Wer so am Boden liegt, braucht treue Freunde, dass er nicht aufhört, sich an Gott zu halten. *Ijob 6,14*

Verlass deine Freunde nicht, auch nicht die Freunde deines Vaters. Wenn du in Schwierigkeiten bist, lauf nicht gleich zum Haus deines Bruders. Der Nachbar nebenan kann dir besser helfen als der Bruder in der Ferne. *Sprichwörter 27,10*

Zwei sind allemal besser dran als einer allein. Wenn zwei zusammenarbeiten, bringen sie es eher zu etwas. Wenn zwei unterwegs sind und hinfallen, dann helfen sie einander wieder auf die Beine. Aber wer allein geht und hinfällt, ist übel dran, weil niemand ihm helfen kann.
Wenn zwei beieinander schlafen, können sie sich gegenseitig wärmen. Aber wie soll einer allein sich warm halten? Ein einzelner Mensch kann leicht überwältigt werden, aber zwei wehren den Überfall ab. Noch besser sind drei; es heißt ja: »Ein Seil aus drei Schnüren reißt nicht so schnell.«

Kohelet/Prediger 4,9-12

Ein zuverlässiger Freund ist wie ein sicherer Zufluchtsort. Wer einen solchen Freund gefunden hat, der hat einen wahren Schatz gefunden. Er ist nicht zu bezahlen und mit nichts aufzuwiegen. Ein zuverlässiger Freund ist ein echtes Heilmittel; wer dem Herrn gehorcht, findet einen solchen Freund. Ein Mensch, der sich an den Herrn hält, kann auch rechte Freundschaft halten; denn der Freund, den er wählt, passt zu ihm. *Sirach 6,14-17*

Wohl dem, der einen treuen Freund hat! Wohl dem, der klug ist! *Sirach 25,12 (L)*

Tausch einen Freund nicht gegen Geld ein und einen treuen Bruder nicht einmal gegen feinstes Gold! *Sirach 7,18*

Gefahr für die Freundschaft

Ein heimtückischer Mensch sät überall Streit und ein Verleumder bringt Freunde auseinander.

Sprichwörter 16,28

Wer Freundschaft halten will, verzeiht Unrecht; wer es immer wieder auftischt, zerstört sie.

Sprichwörter 17,9

Reichtum vermehrt die Zahl der Freunde; aber der Arme wird von seinem Freund im Stich gelassen.

Sprichwörter 19,4

Wenn du zu viel Honig isst, schlägt er dir auf den Magen und du bekommst ihn über. Wenn du deine Bekannten zu oft besuchst, fällst du ihnen auf die Nerven und sie werden dich leid.

Sprichwörter 25,16-17

Wie ein Irrer, der mit Brandpfeilen und anderen tödlichen Waffen spielt, so handelt jemand, der seinen Freund betrügt und dann sagt: »Es war nur ein Scherz!« *Sprichwörter 26,18-19*

Verbreite keine Lügen über deine Verwandten und Freunde. *Sirach 7,12*

Wenn du etwas Schlimmes über deinen Freund hörst, frag ihn selbst! Glaub nicht gleich alles, was man dir sagt; denn oft genug ist es eine Verleumdung.
Manchmal tut jemand etwas Verkehrtes ohne böse Absicht. Wer hat noch nie wenigstens mit der Zunge gesündigt? *Sirach 19,15-16*

Mancher verspricht einem Freund etwas, weil er nicht nein sagen will; damit macht er ihn ungewollt zu seinem Feind. *Sirach 20,23*

Wer mit einem Stein nach Vögeln wirft, verscheucht sie; und wer einem Freund beleidigende Vorwürfe macht, zerstört die Freundschaft.

Wenn du deinem Freund harte Worte gesagt hast, ja sogar wenn du gegen ihn das Schwert gezogen hast, ist noch nicht alles verloren; du kannst mit ihm wieder ins Reine kommen. Aber kein Freund bleibt bei dir, wenn du ihn beschimpfst, ihn von oben herab behandelst, seine Geheimnisse ausplauderst oder ihm in den Rücken fällst.

Sirach 22,20-22

Wer Anvertrautes ausplaudert, zerstört das Vertrauen und findet nie einen wahren Freund.
Liebe deinen Freund und bewahre dir sein Vertrauen! Wenn du seine Geheimnisse verrätst, kannst du ihn als Freund vergessen. Dann hast du seine Freundschaft genauso endgültig verloren wie einen Toten. Du bist deinen Freund los und bekommst ihn nicht wieder, genauso wenig wie du einen Vogel wieder einfangen kannst, den du aus deiner Hand entkommen lässt.
Es ist nutzlos, ihm nachzulaufen; er ist schon zu weit fort, wie eine Gazelle, die aus der Schlinge freigekommen ist. Wunden kannst du verbinden und nach Beleidigungen kann man sich aussöhnen, aber wer Anvertrautes ausplaudert, für den gibt es keine Hoffnung mehr. *Sirach 27,16-21*

Falsche Freundschaft

Der Einflussreiche ist von vielen Schmeichlern umgeben; wer Geschenke verteilt, hat alle Welt zum Freund. *Sprichwörter 19,6*

In der Not auf treulose Freunde vertrauen, das ist so wie mit einem brüchigen Zahn kauen oder mit einem lahmen Fuß laufen.
Sprichwörter 25,19

Wenn du jemand zu deinem Freund machen willst, dann vertrau dich ihm nicht zu schnell an; finde zuerst heraus, ob er es verdient.
Mancher ist dein Freund, solange es für ihn nützlich ist; aber sobald du in Schwierigkeiten gerätst, ist er nicht mehr da.
Es gibt Freunde, die fangen Streit mit dir an und hängen es gleich an die große Glocke; dann kommst du ins Gerede.
Es gibt Freunde, die mit an deinem Tisch sitzen, solange bei dir alles zum Besten steht. Sie folgen dir wie dein Schatten und befehlen deinen Dienern, als wären es ihre eigenen. Aber sobald du in Schwierigkeiten gerätst, verschwinden sie. Wenn es dir schlecht geht, wollen sie nichts von dir wissen und lassen sich nicht mehr sehen.

Halte dich fern von deinen Feinden und nimm dich in Acht vor deinen Freunden! *Sirach 6,7-13*

In guten Tagen brauchst du den Freund nicht als Verteidiger; aber in schlechten Zeiten bleibt der Feind nicht verborgen.
Wenn es einem Mann gut geht, ärgern sich seine Feinde, aber wenn es ihm schlecht geht, verlässt ihn sogar sein Freund. *Sirach 12,8-9*

Ein Freund, der über jeden spottet, ist wie ein Hengst, der unter jedem Reiter wiehert. *Sirach 33,6*

Jeder kann sagen: »Ich bin dein Freund.« Aber mancher ist es nur dem Namen nach.
Der Schmerz, den du empfindest, wenn ein vertrauter Freund zum Feind wird, ist so schlimm wie der Tod.
Die Neigung zum Bösen in uns, wie konnte sie nur entstehen? Wie konnte sie die Erde mit Falschheit überschwemmen? Da genießt einer alle Freuden am Tisch seines Freundes; aber sobald es dem Freund schlecht geht, wendet er sich gegen ihn. Solange er etwas für seinen Bauch bekommt, ist er bereit, mit seinem Freund zu leiden. Doch wenn es zum Kampf kommt, verschwindet er hinter seinem Schild. *Sirach 37,1-5*

Zusammenleben mit Fremden

Beutet die Fremden nicht aus, die bei euch leben. Ihr wisst doch, wie es einem Fremden zumute ist, weil ihr selbst in Ägypten als Fremde gelebt habt.

2 Mose/Exodus 23,9

Er verhilft den Waisen und Witwen zu ihrem Recht; er liebt auch die Fremden, die bei euch leben, und versorgt sie mit Nahrung und Kleidung. Darum sollt auch ihr die Fremden lieben. Ihr habt ja selbst in Ägypten als Fremde gelebt.

5 Mose/Deuteronomium 10,18-19

Unterdrückt nicht die Fremden, die bei euch im Land leben, sondern behandelt sie genau wie euresgleichen. Jeder von euch soll seinen fremden Mitbürger lieben wie sich selbst. Denkt daran, dass auch ihr in Ägypten Fremde gewesen seid. Ich bin der Herr, euer Gott! *3 Mose/Levitikus 19,33-34*

Genieße voll Freude all das Gute, das er dir und deiner Familie gegeben hat, und lass auch die Leviten und die Fremden, die bei dir leben, daran teilhaben. *5 Mose/Deuteronomium 26,11*

Unterdrückt nicht Witwen und Waisen, Fremde und Arme, und heckt nicht immer neue Pläne aus, um einander zu schaden! Ihr seid doch alle Brüder und Schwestern! *Sacharja 7,10*

Wenn schon die bestraft werden, die Unbekannte feindselig abweisen, wie viel mehr dann die, die Fremde zuerst mit Freudenfesten empfangen und ihnen volle Gleichberechtigung zusichern, sie dann aber mit schwerer Fronarbeit quälen. *Weisheit 19,15-16*

In Gegenwart eines Fremden tu nichts, was er nicht sehen soll! Du weißt ja nicht, ob er es gegen dich verwendet. *Sirach 8,18*

Was ist denn schon Besonderes daran, wenn ihr nur zu euresgleichen freundlich seid? Das tun auch die, die Gott nicht kennen! *Matthäus 5,47*

Rechte der Fremden

Der siebte Tag ist der Ruhetag des Herrn, deines Gottes. An diesem Tag sollst du nicht arbeiten, auch nicht dein Sohn oder deine Tochter, dein Sklave oder deine Sklavin, dein Vieh oder der Fremde, der bei dir lebt. *2 Mose/Exodus 20,10*

Wenn ein Fremder unter euch lebt, der das Passafest mitfeiern möchte, kann er das tun, doch muss er alle Vorschriften genau befolgen. Für Einheimische und für Fremde gilt ein und dasselbe Gesetz. *4 Mose/Numeri 9,14*

Verweigert Fremden und Waisen nicht ihr Recht und nehmt nicht das Oberkleid einer Witwe zum Pfand. *5 Mose/Deuteronomium 24,17*

»Fluch über jeden, der einem Fremden, einer Witwe oder Waise ihr Recht vorenthält!« Und das ganze Volk sagt: »Amen!«

5 Mose/Deuteronomium 27,19

Mensch und Gesellschaft

Wir leben nicht für uns allein – und das ist gut so, denn kein Mensch könnte völlig allein existieren. Wir leben in einer Familie, einer Gruppe und in einer Gesellschaft, wo die Aufgaben und Lasten auf mehrere Schultern verteilt werden können. Die Gemeinschaft kann für den Einzelnen im Notfall Verantwortung übernehmen. Aber all das erfordert bestimmte Spielregeln für den Umgang miteinander. Manches ist empfehlenswert zu tun, anderes gar nicht. Zusammenleben ist nicht immer ganz leicht.

Benehmen

Wenn dich jemand zu einem Hochzeitsmahl einlädt, dann setz dich nicht gleich auf den Ehrenplatz. Es könnte ja sein, dass eine noch vornehmere Person eingeladen ist. Der Gastgeber, der euch beide geladen hat, müsste dann kommen und dich auffordern, den Ehrenplatz abzutreten. Dann müsstest du beschämt auf dem untersten Platz sitzen.
Setz dich lieber auf den letzten Platz, wenn du eingeladen bist. Wenn dann der Gastgeber kommt, wird er zu dir sagen: »Lieber Freund, komm,

nimm weiter oben Platz!« So wirst du vor allen geehrt, die mit dir eingeladen sind. *Lukas 14,8-10*

Wenn du an einem reich gedeckten Tisch sitzt, dann lass nicht vor Staunen den Mund offen stehen und sag auch nicht: »Das ist mehr, als ich essen kann!« Denk daran, wie hässlich gierige Augen sind! Von allem, was geschaffen wurde, ist nichts schlimmer als das Auge. Darum muss es auch so oft weinen!
Streck nicht die Hand aus nach etwas, worauf dein Tischnachbar blickt; sonst stößt du mit seiner Hand in der Schüssel zusammen.
Lass dir von deinem eigenen Gefühl sagen, was der andere empfindet, und überleg dir genau, was du tust! Was dir vorgesetzt wird, das iss wie ein Mensch! Schling es nicht in dich hinein, das kann niemand ausstehen! Zeig, dass du dich benehmen kannst, und hör als Erster auf zu essen! Stopf dich nicht voll, sonst fällst du unangenehm auf! Wenn du mit mehreren zusammen bei Tisch sitzt, dann sei nicht der Erste, der zulangt!

Sirach 31,12-18

Spiel beim Weintrinken nicht den starken Mann; der Wein hat schon viele schwach gemacht. Wie der Glühofen gehärteten Stahl erprobt, so zeigt der

Wein den Charakter überheblicher Menschen, wenn sie – von ihm erhitzt – in Streit geraten.

Sirach 31,25-26

Wenn du zusammen mit einem anderen trinkst, mach ihm keine Vorhaltungen! Spotte nicht über ihn, wenn er in Stimmung geraten ist! Beschimpf ihn nicht und komm ihm vor allem nicht mit den Schulden, die er dir zurückzahlen soll!

Sirach 31,31

Halte dich fern von denen, die sich mit Wein voll laufen lassen und ihren Bauch mit Fleisch voll stopfen. Wer säuft und schlemmt, wird faul und hat schließlich nur noch Lumpen am Leib.

Sprichwörter 23,20-21

Streit

Eine versöhnliche Antwort kühlt den Zorn ab, ein verletzendes Wort heizt ihn an. *Sprichwörter 15,1*

Der Anfang eines Streites ist wie eine Sickerstelle in einem Damm: du musst beizeiten eingreifen, ehe es zur Katastrophe kommt.

Sprichwörter 17,14

Versündigt euch nicht, wenn ihr in Zorn geratet! Versöhnt euch wieder und lasst die Sonne nicht über eurem Zorn untergehen. *Epheser 4,26*

Mische dich nicht in einen Streit, der dich nichts angeht! Sonst schaffst du dir ähnlichen Ärger wie jemand, der einen vorüberlaufenden Hund bei den Ohren packt. *Sprichwörter 26,17*

Schüttle die Milch und sie wird Butter. Schlage jemand auf die Nase und es fließt Blut. Ärgere andere Leute und du bekommst Streit. *Sprichwörter 30,33*

Je mehr Brennstoff, desto heißer das Feuer; je größer der Starrsinn, desto hitziger der Streit; und je mächtiger und reicher jemand ist, desto mehr kann er es sich erlauben, wütend zu werden. *Sirach 28,10*

Streite nicht um eine Sache, die dich nichts angeht, und mach nicht mit, wo Schurken zu Gericht sitzen! *Sirach 11,9*

Menschlich-allzumenschliches

Pass auf, dass du nicht übertölpelt und gedemütigt wirst, weil du zu arglos gewesen bist! *Sirach 13,8*

Für einen Dummkopf ist es unwichtig, ob er von einer Sache etwas versteht; er will nur überall seine Meinung sagen. *Sprichwörter 18,2*

Versuche nicht, alles mitzubekommen, was die Leute reden. Was hast du davon, wenn du hörst, wie deine Untergebenen über dich schimpfen? Du weißt doch, dass du selbst oft genug über andere geschimpft hast. *Kohelet/Prediger 7,21-22*

Leihe keinem etwas, der mächtiger ist als du; sonst kannst du es gleich abschreiben. *Sirach 8,12*

Hilf deinen Mitmenschen, so gut du kannst; aber pass auf, dass dich keiner hereinlegt! *Sirach 29,20*

Viele reden von ihrer Treue; aber finde mal einen Menschen, auf den Verlass ist! *Sprichwörter 20,6*

Jeder Ratgeber hält seinen Plan für den besten; aber mancher sucht mit seinem Rat nur den eigenen Vorteil. Sei vorsichtig, wenn dir einer gute Ratschläge geben will! Finde heraus, was er damit bezweckt; denn für sich selbst plant er zuerst. Dann zieht er für dich das schlechtere Los und sagt: »Es sieht gut für dich aus.« In sicherem Abstand bleibt er stehen und wartet ab, was mit dir geschieht.

Hol dir keinen Rat bei jemand, der dir nichts gönnt! Und einem Menschen, der neidisch auf dich ist, sag nichts von deinen Plänen!
Berate dich nie
mit einer Frau über ihre Rivalin,
mit einem Feigling über den Krieg,
mit einem Händler über ein gutes Geschäft,
mit einem Käufer über das Verkaufen,
mit einem Geizhals über Dankbarkeit,
mit einem Unbarmherzigen über Güte,
mit einem Faulenzer über eine Arbeit,
mit einem Gelegenheitsarbeiter
über ein Werk vieler Jahre,
mit einem trägen Diener
über eine schwierige Aufgabe.
Erwarte von keinem dieser Leute
einen brauchbaren Rat!
Halte dich vielmehr an jemand, der Gott ernst nimmt und von dem du weißt, dass er die Gebote befolgt. Halte dich an einen, der so denkt und fühlt wie du und dem es genauso wehtut wie dir, wenn dir etwas misslingt. *Sirach 37,7-12*

Unzufriedene Besserwisser können eine ganze Stadt in Aufruhr versetzen; aber vernünftige Leute beruhigen die Gemüter. *Sprichwörter 29,8*

Wer mit fremdem Geld sein Haus baut, ist wie jemand, der Steine für seinen eigenen Grabhügel sammelt. *Sirach 21,8*

Wer einen Stein in die Luft wirft, wird selbst davon getroffen; und ein heimtückischer Schlag verletzt auch den Schläger. Wer anderen eine Grube gräbt, fällt selbst hinein; und wer anderen Schlingen legt, fängt sich selbst darin. Wer Unheil stiftet, auf den fällt es zurück und er weiß nicht, woher es kommt. *Sirach 27,25-27*

Die Goldene Regel

Was du nicht willst, dass man dir tu, das füg auch keinem andern zu. *Tobit 4,16 (L)*

Behandelt die Menschen so, wie ihr selbst von ihnen behandelt werden wollt – das ist es, was das Gesetz und die Propheten fordern. *Matthäus 7,12*

Hilfe

Wenn du siehst, dass ein Tier deines Feindes sich verlaufen hat, ein Rind oder ein Esel, dann bring es ihm ohne Zögern zurück! Ist der Esel deines Feindes unter seiner Last zusammengebrochen und du kommst gerade dazu, so geh nicht weiter, sondern hilf ihm, das Tier wieder auf die Beine zu bringen. *2 Mose/Exodus 23,4-5*

Wenn du für das Schreien der Armen nur taube Ohren hast, wirst du keine Antwort bekommen, wenn du selber um Hilfe rufst. *Sprichwörter 21,13*

Mein Sohn, wenn du einem anderen Menschen hilfst, dann mach ihm nicht gleichzeitig Vorwürfe! Begleite deine Gabe nicht durch Worte, die ihn verletzen! Ein Wort kann mehr aufmuntern als eine Gabe, genauso wie der Tau an heißen Tagen Erleichterung schafft. Ja, ein gutes Wort ist wertvoller als ein reiches Geschenk. Und wer wirklich helfen will, gibt beides! Nur ein Dummkopf macht lieblose Vorwürfe, und eine Gabe, die ungern gegeben wird, macht niemand Freude.

Sirach 18,15-18

Wenn ein Mitmensch Hilfe braucht und du ihm helfen kannst, dann weigere dich nicht, es zu tun. Und wenn du ihm sofort helfen kannst, dann sage nicht, er soll morgen wiederkommen. Schmiede keine bösen Pläne gegen deinen Nachbarn, der dir vertraut. Streite dich nicht grundlos mit jemand, der dir gar nichts getan hat. *Sprichwörter 3,27-30*

Ladet die Hungernden an euren Tisch, nehmt die Obdachlosen in euer Haus auf, gebt denen, die in Lumpen herumlaufen, etwas zum Anziehen und helft allen in eurem Volk, die Hilfe brauchen!
Dann strahlt euer Glück auf wie die Sonne am Morgen und eure Wunden heilen schnell; eure guten Taten gehen euch voran und meine Herrlichkeit folgt euch als starker Schutz. Dann werdet ihr zu mir rufen und ich werde euch antworten; wenn ihr um Hilfe schreit, werde ich sagen: »Hier bin ich!«
Wenn ihr aufhört, andere zu unterdrücken, mit dem Finger spöttisch auf sie zu zeigen und schlecht über sie zu reden, wenn ihr den Hungernden zu essen gebt und euch den Notleidenden zuwendet, dann wird eure Dunkelheit hell werden, rings um euch her wird das Licht strahlen wie am Mittag.
Jesaja 58,7-10

Geben und Nehmen

Wenn du mit anderen teilst, wirst du selbst beschenkt; wenn du den Durst anderer stillst, lässt man dich auch nicht verdursten. *Sprichwörter 11,25*

Manche wollen immer nur nehmen und haben; wer das Rechte tut, kann geben und großzügig sein. *Sprichwörter 21,26*

Streck die Hand nicht aus zum Nehmen und halte sie dann fest geschlossen, wenn es ans Zurückgeben geht! *Sirach 4,31*

Ein glänzender Gastgeber wird von allen gepriesen, ein ausgezeichneter Ruf ist ihm gewiss. Über einen knauserigen Gastgeber dagegen schimpft die ganze Stadt, sein Ruf ist genauso schlimm wie er selbst. *Sirach 31,23-24*

Lass dich nicht von einem Geizhals einladen, und wenn er dir noch so köstliche Speisen vorsetzen will. Denn er hat alle Bissen abgezählt. »Greif doch zu!«, sagt er; aber im Grunde gönnt er dir nichts. Dann vergeht dir der Appetit und das ganze Essen kommt dir wieder hoch. Du hast seine Küche mit überschwänglichen Worten gelobt und nichts dafür bekommen. *Sprichwörter 23,6-8*

Manche Leute sind wie Blutegel: »Gib, gib!«, sagen sie und saugen andere aus. *Sprichwörter 30,15*

Gerechtigkeit

Wer das Recht liebt, ist darauf bedacht, dass die Schwachen ihr Recht bekommen; wer im Unrecht lebt, hat kein Verständnis dafür.

Sprichwörter 29,7

Schuldige freisprechen und Schuldlose verurteilen – beides kann der Herr nicht ausstehen.

Sprichwörter 17,15

Wenn es den Guten gut geht, freut sich die ganze Stadt; und wenn die Verbrecher umkommen, jubeln alle ihre Bewohner. *Sprichwörter 11,10*

Gerechtigkeit macht ein Volk groß; aber Unrecht macht ihm Schande. *Sprichwörter 14,34*

Nutze die Wehrlosigkeit anderer nicht aus und benachteilige die Armen nicht vor Gericht. Der Herr schützt die Schutzlosen; wer ihnen ihr Recht nimmt, dem nimmt er das Leben.

Sprichwörter 22,22-23

Wer meint, es sei kein Unrecht, seinen Vater und seine Mutter zu bestehlen, ist nicht besser als ein gemeiner Dieb. *Sprichwörter 28,24*

Wer mit Gewalt das Recht durchsetzen will, gleicht einem Eunuchen, der darauf brennt, ein Mädchen zu verführen. *Sirach 20,4*

Wer die Wahrheit aussagt, hilft dem Recht zum Sieg; ein falscher Zeuge bringt es zu Fall.
Sprichwörter 12,17

Lass dich nicht von einem dummen Menschen beherrschen und von einem mächtigen lass dich nicht einschüchtern! Kämpfe für die Wahrheit unter Einsatz deines Lebens; der Herr wird selbst den Kampf für dich führen. *Sirach 4,27-28*

Stell deinen Mitmenschen zur Rede, bevor du ihm Strafen androhst! Regle die Sache nach dem Gesetz Gottes, des Höchsten, und nicht nach deinem Zorn. *Sirach 19,17*

Deine Sache aber ist es, für Recht zu sorgen. Sprich für alle, die sich selbst nicht helfen können. Sprich für die Armen und Schwachen, nimm sie in Schutz und verhilf ihnen zu ihrem Recht!
Sprichwörter 31,8-9

Ein Richter, der nicht unparteiisch Recht spricht, begeht Unrecht. *Sprichwörter 24,23*

Regierung

Ohne Führung ist ein Volk verloren; aber wo viele Ratgeber sich einig werden, da ist Sicherheit.

Sprichwörter 11,14

Ein König, der für Recht sorgt, sichert das Gedeihen seines Landes; aber einer, der immer neue Steuern erfindet, richtet es zugrunde.

Sprichwörter 29,4

Ein ungebildeter König richtet sein Volk zugrunde; ein Staatswesen hängt ab vom Sachverstand seiner Führer. *Sirach 10,3*

Ohne prophetische Weisung wird ein Volk zügellos. Wie glücklich ist ein Volk, das auf Gottes Gesetz hört! *Sprichwörter 29,18*

Korruption

Streite dich nicht mit einem Reichen; er könnte andere mit seinem Geld bestechen, gegen dich auszusagen. Geld hat schon viele vom rechten Weg abgebracht, sogar den Charakter von Königen hat es verdorben. *Sirach 8,2*

Wundere dich nicht, wenn du siehst, wie man die Armen auf dem Land unterdrückt und ihnen gerechtes Urteil verweigert. Denn ein Mächtiger deckt den anderen und beide deckt einer, der noch mächtiger ist. *Kohelet/Prediger 5,7*

Ich habe etwas Schlimmes gesehen unter der Sonne, das sich die Mächtigen immer wieder zuschulden kommen lassen: Leute ohne Verstand bekommen einflussreiche Stellungen, während angesehene Bürger unbeachtet bleiben.

Kohelet/Prediger 10,5-6

Wenn ihr einen Rechtsfall zu entscheiden habt, dann haltet euch streng an das Recht. Bevorzugt weder den Armen und Schutzlosen noch den Reichen und Mächtigen. Wenn ihr als Richter über einen Mitmenschen das Urteil sprecht, darf allein die Gerechtigkeit den Maßstab abgeben.

3 Mose/Levitikus 19,15

Zusammenleben

Gott, der Herr, dachte: »Es ist nicht gut, dass der Mensch so allein ist. Ich will ein Wesen schaffen, das ihm hilft und das zu ihm passt.«

1 Mose/Genesis 2,18

An drei Dingen habe ich besondere Freude, sie gelten bei Gott und bei Menschen als schön: wenn Brüder einander gut verstehen, wenn Nachbarn gute Freunde sind und wenn Eheleute harmonisch miteinander leben. *Sirach 25,1*

Gott hat keinen Menschen überheblich geschaffen und keiner wird als Gewalttätiger geboren.
Sirach 10,18

Eisen wird mit Eisen geschärft, und ein Mensch bekommt seinen Schliff durch Umgang mit anderen. *Sprichwörter 27,17*

Solange du lebst, lass niemand Gewalt über dich bekommen, weder Sohn noch Frau, weder Bruder noch Freund! Übergib auch keinem dein Vermögen! Du könntest es bedauern und müsstest es dann zurückfordern. Solange noch ein Hauch von Leben in dir ist, lass keinen Menschen über dich bestimmen! Es ist besser, wenn deine Kinder dich um etwas bitten müssen, als wenn du von ihnen abhängig bist. Bei allem, was du tust, behalte die Zügel in der Hand, damit niemand deine Autorität in Frage stellt! Erst am Ende deines Lebens, in deiner letzten Stunde, verteile deinen Besitz an die Erben! *Sirach 33,20-24*

Reden und Schweigen

Sprache zeichnet den Menschen aus. Denken, Verständigung, Kontakt, Verbindung, Austausch – all das ermöglicht die Sprache. Aber sie ist auch eine Quelle der Missverständnisse und manchmal verfehlen unsere Worte – seien sie auch noch so gut gewählt – unsere Absicht. Wie gebrauchen wir unsere Fähigkeit zu sprechen richtig?

Der richtige Moment

Wie gut ist das richtige Wort zur rechten Zeit!

Sprichwörter 15,23

Wie goldene Äpfel auf silbernen Schalen, so sind treffende Worte im richtigen Augenblick.

Sprichwörter 25,11

Mancher Tadel kommt zur Unzeit; es ist manchmal klüger, zu schweigen. *Sirach 20,1*

Wo es Musik und Gesang zu hören gibt, halte keine langen Reden! Es wäre der schlechteste Augenblick, deine Weisheit anzubringen.

Sirach 32,4

Ein geduldiger Mensch kann warten, bis der rechte Augenblick gekommen ist; später freut er sich darüber. Bis zum richtigen Zeitpunkt behält er seine Gedanken für sich und alle preisen ihn für seine Klugheit. *Sirach 1,23-24*

Manche gelten als weise, weil sie nicht reden; und manche sind allen verhasst, weil sie zu viel reden. Einer schweigt, weil er nichts zu sagen weiß; ein anderer schweigt, weil er die rechte Zeit zum Reden abwarten kann.
Ein kluger Mensch schweigt bis zum richtigen Augenblick; ein Prahlhans oder Dummkopf verpasst ihn. *Sirach 20,5-7*

Belehrung zur falschen Zeit ist so unangebracht wie lustige Musik zur Zeit der Trauer. *Sirach 22,6*

Wenn der Augenblick es erfordert, mach den Mund auf und rede! Du brauchst dein Wissen nicht zu verstecken. *Sirach 4,23*

Gerüchte

Wer sich aus Klatschereien heraushält, erspart sich manchen Ärger. Erzähl nie ein Gerücht weiter, dann kann dir auch kein Schaden daraus entstehen. Rede über keinen, weder Freund noch Feind! Du darfst nur dann etwas bekannt machen, wenn du durch Schweigen schuldig würdest. Wenn du über jemand redest und er erfährt es, dann traut er dir nicht mehr und bald hasst er dich. *Sirach 19,6-9*

Wenn du ein Gerücht hörst, nimm es mit ins Grab! Hab keine Angst, du wirst nicht davon platzen!

Sirach 19,10

Wer verächtlich über andere redet, hat keinen Verstand; Verständige halten den Mund.
Ein Mensch, der jedes Gerücht weiterträgt, plaudert auch Geheimnisse aus; ein vertrauenswürdiger Mensch behandelt sie vertraulich. *Sprichwörter 11,12-13*

Still sein

Mit Reden aufhören ist besser als mit Reden anfangen. Ruhig Blut bringt weiter als ein heißer Kopf. *Kohelet/Prediger 7,8*

Wer den Mund halten kann, bewahrt sein Leben; wer ihn zu weit aufreißt, bringt sich ins Verderben.

Sprichwörter 13,3

Sogar ein Dummkopf kann für klug und verständig gehalten werden – wenn er nur den Mund halten könnte! *Sprichwörter 17,28*

Wer seinen Mund hält, hält sich Schwierigkeiten vom Hals. *Sprichwörter 21,23*

Wer zu viel redet, gilt als unausstehlich. Wer Sonderrechte für sich beansprucht, macht sich verhasst.
Sirach 20,8

Jede Arbeit bringt Lohn; aber Geschwätz bringt nur Nachteil. *Sprichwörter 14,23*

Auf keinen Fall widersprich der Wahrheit! Scheu dich zu reden, wenn du nicht Bescheid weißt.
Sirach 4,25

Antworte einem anderen nur, wenn du weißt, wovon du redest; sonst halte lieber den Mund!
Sirach 5,12

Zuhören

Ein Mensch, der antwortet, bevor er zugehört hat, zeigt seinen Unverstand und wird nicht ernst genommen. *Sprichwörter 18,13*

Sei immer bereit zu hören, aber lass dir Zeit mit der Antwort! *Sirach 5,11*

Unterbrich einen anderen nicht, wenn er redet; hör ihm bis zum Ende zu, dann antworte!
Sirach 11,8

Denkt daran, liebe Brüder und Schwestern: Jeder soll stets bereit sein zu hören, aber sich Zeit lassen, bevor er redet, und noch mehr, bevor er zornig wird. *Jakobus 1,19*

Nachdenken

Ein Mensch, der viel redet, versündigt sich leicht; wer seine Zunge im Zaum hält, zeigt Verstand.
Sprichwörter 10,19

Kennst du einen, der redet, ohne zu überlegen? Für einen Schwachsinnigen ist mehr Hoffnung als für ihn! *Sprichwörter 29,20*

Wenn ein Dummkopf ein kluges Wort zitiert, nimmt ihn niemand ernst; denn er gebraucht es nicht im richtigen Zusammenhang.
Sirach 20,20

Wenn jemand gut reden kann, merken es alle; aber wenn er danebengreift, merken es nur die Klugen.

Sirach 21,7

Du umzäunst dein Hab und Gut mit Dornen; warum machst du nicht vielmehr vor deinen Mund Tür und Riegel? Du wägst dein Silber und Gold, bevor du es aufbewahrst; warum wägst du nicht auch deine Worte auf der Goldwaage?

Sirach 28,28-29 (L)

Durch scharfe Zungen sind mehr Menschen ums Leben gekommen als durch scharfe Schwerter.

Sirach 28,18

Fass dich kurz und sag viel mit wenig Worten! Zeig, dass du Bescheid weißt und trotzdem schweigen kannst! *Sirach 32,8*

Der Anfang jeder Tat ist das Gespräch; vor jedem Unternehmen kommt die Unterredung.

Sirach 37,16

Mach dich nicht lustig über jemand, der verzweifelt ist! Denk an Gott, der Menschen erniedrigen und erhöhen kann! *Sirach 7,11*

Vertrauen

Führe kein vertrauliches Gespräch mit einem Dummkopf; denn was du ihm sagst, kann er nicht für sich behalten. *Sirach 8,17*

Schütte nicht jedem dein Herz aus; es würde dir wenig Freude einbringen. *Sirach 8,19*

Es ist besser, jemand zur Rede zu stellen, als den Ärger in sich aufzustauen. *Sirach 20,2*

Reichtum und Armut

Es gibt sie einfach – die Unterschiede zwischen Armen und Reichen. Wir leben zusammen und fühlen uns arm oder reich oder irgendwo dazwischen. Wir sind stolz auf das, was wir uns erarbeitet haben. Aber viele sind benachteiligt. Das macht oft genug Probleme. »So ist das Leben«, könnte man sagen, aber wir sind neidisch und wir leiden unter Ungerechtigkeit. Muss das so sein, muss ein großer Teil der Menschen arm und ein kleiner Teil reich sein? Es ist oft nicht leicht, damit zu leben…

Realität?

Es wird in eurem Land immer Arme geben; deshalb befehle ich euch: Unterstützt eure armen und Not leidenden Brüder! *5 Mose/Deuteronomium 15,11*

Reiche und Arme leben nebeneinander, sie alle hat der Herr geschaffen. *Sprichwörter 22,2*

Der eine spielt den Reichen und ist bettelarm; der andere spielt den Armen und ist steinreich. Der Reiche kann sein Leben freikaufen; beim Armen hat der Erpresser nichts zu holen. *Sprichwörter 13,7-8*

Den Armen mag niemand, nicht einmal sein Nachbar; aber die Reichen haben viele Freunde.

Sprichwörter 14,20

Der Reiche hält sich selbst für klug, aber ein Armer mit Scharfsinn durchschaut ihn. *Sprichwörter 28,11*

Manchmal glaubst du, für wenig Geld viel bekommen zu haben, und hast doch siebenmal mehr bezahlt, als es wert war. *Sirach 20,12*

Wer hart arbeitet, schläft gut, ob er viel oder wenig gegessen hat. Der reiche Faulenzer dagegen wälzt sich schlaflos im Bett, weil ihn der Magen drückt.

Kohelet/Prediger 5,11

Verträgt sich die Hyäne mit dem Hund? Genauso wenig verträgt sich der Reiche mit dem Armen.
Die wilden Esel in der Steppe sind die Jagdbeute der Löwen; genauso leben die Reichen von den Armen. Überhebliche Menschen verabscheuen die Bescheidenheit; genauso verabscheut der Reiche den Armen.
Wenn ein Reicher hinfällt, wird er von seinen Freunden aufgehoben. Wenn ein armer Schlucker hinfällt, wird er von seinen Freunden aufgegeben.
Wenn ein Reicher einen Fehler macht, helfen ihm

viele; wenn er Unsinn redet, geben sie ihm Recht. Doch wenn ein Habenichts einen Fehler macht, beschimpft man ihn; und wenn er etwas Vernünftiges sagt, hört keiner hin.
Wenn der Reiche spricht, schweigen alle und loben seine Rede bis in den Himmel. Doch wenn der Arme spricht, fragen sie: »Wer ist denn der?« Und wenn er stolpert, stoßen sie ihn vollends zu Boden. *Sirach 13,18-23*

Da sind immer Sorge, Furcht, Hoffnung und zuletzt der Tod sowohl bei dem, der in hohen Ehren sitzt, wie bei dem, der im Staube liegt; sowohl bei dem, der Purpur und Krone trägt, wie bei dem, der einen groben Kittel anhat. Da sind immer Zorn, Eifersucht, Kummer, Unfriede und Todesfurcht, Hass und Streit.
Und wenn einer des Nachts auf seinem Bett ruhen und schlafen soll, beunruhigen ihn allerlei Gedanken. *Sirach 40,2-5 (L)*

Sie verlassen sich auf ihr vieles Geld
und brüsten sich mit ihrem großen Reichtum.
Doch Gott ein Menschenleben abzukaufen
ist unmöglich!
Auch sein eigenes Leben kann niemand auslösen:
Der Kaufpreis für ein Menschenleben ist zu hoch;

was man auch bietet, es ist niemals genug.
Kein Mensch kann für immer leben,
am Sterben führt kein Weg vorbei!
Es ist offenkundig:
Auch die Klügsten sterben,
genauso wie unvernünftige Narren;
was sie besitzen, bleibt zurück für andere.
Für immer wird das enge Grab ihre Wohnung,
auch wenn sie ganze Länder ihr Eigen nannten.

Psalm 49,7-12

Reich werden

Schnell erschwindelter Reichtum verliert sich, langsam erarbeiteter vermehrt sich. *Sprichwörter 13,11*

Lieber wenig, aber ehrlich verdient als ein großer Gewinn aus unlauteren Geschäften. *Sprichwörter 16,8*

Mit Lug und Trug gesammelter Reichtum ist wie der flüchtige Atem derer, die den Tod suchen.

Sprichwörter 21,6

Wer Vergnügungen liebt, dem geht schnell das Geld aus; immer gut essen und trinken macht niemand reich. *Sprichwörter 21,17*

Plage dich nicht damit ab, reich zu werden; du weißt es doch besser! Denn ehe du dich's versiehst, hat dein Reichtum Flügel bekommen und entschwindet deinen Augen wie ein Adler, der zum Himmel aufsteigt. *Sprichwörter 23,4-5*

Ein habgieriger Mensch greift nach dem Reichtum und weiß nicht, dass die Armut nach ihm greift.

Sprichwörter 28,22

Je reicher jemand wird, desto mehr Leute wollen von seinem Reichtum leben. Welchen Nutzen hat er am Ende davon? Nur das Nachsehen.

Kohelet/Prediger 5,10

Der Reiche müht sich ab mit dem Sammeln von Geld und Gut, und wenn er sich ausruht, genießt er seinen Reichtum. Der Arme müht sich ab, um schlecht und recht leben zu können, und wenn er sich ausruht, muss er hungern.
Wer das Geld liebt, bleibt nicht schuldlos; wer immer reicher werden will, wird vom Reichtum verführt. Das Gold ist schon manchem zum Verhängnis geworden, ganz plötzlich sah er sich ruiniert. Für alle, die ihm verfallen sind, ist es eine Falle; jeder Unverständige gerät hinein.

Wie glücklich ist jemand, der reich wird, ohne schuldig zu werden, weil er nicht hinter dem Geld her ist! Wo ist solch ein Mensch? Wir möchten ihm gratulieren; denn er hat ein Wunder vollbracht, das noch keinem gelungen ist. *Sirach 31,3-9*

Allen, die auf unrechtmäßige Weise zu Reichtum gekommen sind, geht es wie einem Vogel, der fremde Eier ausgebrütet hat und zusehen muss, wie die Jungen ihm davonlaufen: In den besten Jahren müssen sie alles hergeben und am Ende stehen sie mit leeren Händen da. *Jeremia 17,11*

Freigebige werden immer reicher, der Geizhals spart sich arm. *Sprichwörter 11,24*

Mancher Mensch wird reich, weil er sein ganzes Leben lang knausert und spart. Doch was hat er davon? Er kann sich sagen: »Jetzt darf ich mich ausruhen und meinen Besitz genießen.« Aber er weiß nicht, wie viel Zeit ihm dafür bleibt, und dann stirbt er und muss seinen Besitz anderen hinterlassen. *Sirach 11,18-19*

Da lebt jemand ganz allein; er hat keinen Sohn und auch keinen Bruder. Trotzdem arbeitet er rastlos weiter und sein Besitz ist ihm nie groß genug.

Für wen plage ich mich dann eigentlich und gönne mir selbst keine Freude? Auch das ist vergebliche Mühe, eine fruchtlose Beschäftigung!

Kohelet/Prediger 4,8

Wer am Geld hängt, bekommt nie genug davon. Wer Reichtum liebt, will immer noch mehr. Auch hier gilt: Alles vergeblich!

Kohelet/Prediger 5,9

Zu einem kleinlichen Kerl passt es nicht recht, wenn er reich ist; und was soll Geld und Gut einem Geizkragen? Wer viel sammelt und sich selber nichts Gutes gönnt, der sammelt's für andere und andere werden's verprassen. Wer sich selbst nichts Gutes gönnt, was sollte der andern Gutes tun? Er wird aber auch wenig Freude an seinem Eigentum haben. Es ist nichts schlimmer, als wenn einer sich selbst nichts Gutes gönnt; und das ist die rechte Strafe für seinen Geiz.

Sirach 14,3-6 (L)

Arm sein

Lieber arm sein und untadelig leben als reich sein und krumme Wege gehen. *Sprichwörter 28,6*

Reichtum ist etwas Gutes, wenn kein Unrecht daran klebt. Und Armut ist nichts Schlechtes, auch wenn gewissenlose Menschen das behaupten.

Sirach 13,24

Es ist nicht recht, einen armen, aber verständigen Menschen zu verachten. *Sirach 10,23*

Wer den Armen verspottet, verhöhnt dessen Schöpfer; und wer sich über eines andern Unglück freut, wird nicht ungestraft bleiben.

Sprichwörter 17,5 (L)

Manche sind zu arm, um zu sündigen; sie können sich mit einem ruhigen Gewissen schlafen legen.

Sirach 20,21

Der Reiche hat die Armen in seiner Gewalt; wer Geld leihen muss, wird zum Sklaven seines Gläubigers. *Sprichwörter 22,7*

Bei einem Gerichtsverfahren darfst du niemand sein Recht vorenthalten, nur weil er arm ist.

2 Mose/Exodus 23,6

Wenn ein armer, völlig mittelloser Mann um Tageslohn für dich arbeitet, darfst du ihn nicht ausbeuten, gleichgültig, ob er einer von deinen Brüdern ist oder ein Fremder, der bei euch lebt. Gib ihm seinen Lohn, bevor die Sonne untergeht; denn er braucht ihn dringend.

5 Mose/Deuteronomium 24,14-15

Ein guter Ruf ist besser als großer Reichtum; Liebenswürdigkeit hilft weiter als Silber und Gold.

Sprichwörter 22,1

Das Notwendige

Gut essen macht Freude, Wein trinken macht lustig und Geld macht beides möglich.

Kohelet/Prediger 10,19

Das Wichtigste, was der Mensch zum Leben braucht, sind Wasser, Brot, Kleidung und ein Heim, wo er für sich sein kann. Lieber ein Leben in Armut unter dem eigenen Bretterdach als ein Schlemmerleben in fremden Häusern. Sei zufrieden mit dem wenigen oder vielen, das du hast; dann hörst du von niemand den Vorwurf, ein fremder Eindringling zu sein.
Von Haus zu Haus ziehen zu müssen, ist kein Leben. Und weil du fremd bist, darfst du nirgendwo den Mund aufmachen. *Sirach 29,21-24*

Was der Mensch vor allem zum Leben braucht,
ist Wasser und Feuer, Eisen und Salz,
feines Weizenmehl, Milch und Honig,
Wein, Olivenöl und Kleidung. *Sirach 39,26*

Wer einem Armen ein Tier wegnimmt, um es Gott als Opfer darzubringen, handelt wie einer, der einen Sohn in Gegenwart seines Vaters tötet. Das Leben der Armen hängt an ihrer dürftigen Nahrung; wer sie ihnen nimmt, ist ein Mörder. Wer seinem Mitmenschen wegnimmt, wovon er lebt, bringt ihn um. Auch der ist ein Mörder, der einem Arbeiter nicht den verdienten Lohn auszahlt. *Sirach 34,24-27*

Verlasst euch nicht auf Gewalt,
erwartet keinen Gewinn von Raub!
Und wenn euer Wohlstand wächst,
hängt euer Herz nicht daran! *Psalm 62,11*

Bring dein Geld an allen möglichen Plätzen in Sicherheit; trotzdem kann es sein, dass ein Unglück über das Land kommt und alles verloren geht.
Kohelet/Prediger 11,2

Gib dein Geld lieber für einen Verwandten oder Freund aus, als es unter irgendeinem Stein zu vergraben, wo es verrottet! *Sirach 29,10*

Was könnt ihr denn ohne Gott erreichen?
In aller Frühe steht ihr auf
und arbeitet bis tief in die Nacht;
mit viel Mühe bringt ihr zusammen,
was ihr zum Leben braucht.
Das gibt Gott den Seinen im Schlaf! *Psalm 127,2*

»Ich sage euch«, forderte Jesus seine Jünger auf, »nutzt das leidige Geld dazu, durch Wohltaten Freunde zu gewinnen. Wenn es mit euch und eurem Geld zu Ende geht, werden sie euch in der neuen Welt Gottes in ihre Wohnungen aufnehmen.« *Lukas 16,9*

Dann sagte er zu allen: »Gebt Acht! Hütet euch vor jeder Art von Habgier! Denn der Mensch gewinnt sein Leben nicht aus seinem Besitz, auch wenn der noch so groß ist.« *Lukas 12,15*

Mensch und Umwelt

Wir sind nicht nur umgeben von anderen Menschen, sondern auch von der Natur, von Pflanzen und Tieren. Auch hier gibt es bestimmte Verhaltensweisen, die der Umwelt gut tun, und andere, die schädlich sind. Das, was der Natur schadet, hat auch negative Auswirkungen auf unser Leben, denn wir sind ein Teil von ihr. Sind wir uns dessen immer bewusst?

Mitgeschöpfe

Denn von der Größe und Schönheit der Geschöpfe aus lässt sich durch einen Rückschluss deren Urheber erkennen. *Weisheit 13,5*

Und Gott segnete die Menschen
und sagte zu ihnen:
»Seid fruchtbar und vermehrt euch!
Füllt die ganze Erde und nehmt sie in Besitz!
Ich setze euch über die Fische im Meer,
die Vögel in der Luft
und alle Tiere, die auf der Erde leben,
und vertraue sie eurer Fürsorge an.«

1 Mose/Genesis 1,28

Gott, der Herr, brachte also den Menschen in den Garten Eden. Er übertrug ihm die Aufgabe, den Garten zu pflegen und zu schützen. *1 Mose/Genesis 2,15*

Wie lange soll das Land noch trauern und alles Grün auf den Feldern verdorren? Wegen der Schlechtigkeit seiner Bewohner gehen Tiere und Vögel zugrunde. *Jeremia 12,4*

Menschen und Tiere haben das gleiche Schicksal: Die einen wie die anderen müssen sterben. Sie haben beide den gleichen vergänglichen Lebensgeist. Nichts hat der Mensch dem Tier voraus; denn alles ist vergeblich und vergänglich.

Kohelet/Prediger 3,19

Der Mensch ist vergänglich wie das Gras,
es ergeht ihm wie der Blume im Steppenland:
Ein heißer Wind kommt – schon ist sie fort,
und wo sie stand, bleibt keine Spur von ihr.

Psalm 103,15-16

Die ganze Schöpfung wartet sehnsüchtig auf den Tag, an dem die Kinder Gottes vor aller Augen in dieser Herrlichkeit offenbar werden. Denn alles Geschaffene ist der Sinnlosigkeit ausgeliefert, versklavt an die Vergänglichkeit, und das nicht durch eigene Schuld, sondern weil Gott es so verfügt hat. Er gab aber seinen Geschöpfen die Hoffnung, dass auch sie eines Tages von der Versklavung an die Vergänglichkeit befreit werden und teilhaben an der unvergänglichen Herrlichkeit, die Gott seinen Kindern schenkt. *Römer 8,19-21*

Tiere

Sechs Tage lang sollst du deine Arbeit verrichten, aber am siebten Tag sollst du alles ruhen lassen. Auch dein Rind und dein Esel sollen sich ausruhen; dein Sklave und der Fremde, der bei dir lebt, sollen sich erholen können. *2 Mose/Exodus 23,12*

Der siebte Tag ist der Ruhetag des Herrn, deines Gottes. An diesem Tag sollst du nicht arbeiten, auch nicht dein Sohn oder deine Tochter, dein Sklave oder deine Sklavin, dein Rind, dein Esel oder ein anderes von deinen Tieren und auch nicht der Fremde, der bei dir lebt.

5 Mose/Deuteronomium 5,14

Einem Rind, das vor den Dreschschlitten gespannt wird, darfst du das Maul nicht zubinden.

5 Mose/Deuteronomium 25,4

Ein guter Mensch kümmert sich um das Wohl seiner Tiere; ein böser hat kein Herz für sie.

Sprichwörter 12,10

Wo keine Rinder sind, spart man ihr Futter; aber für reiche Erträge braucht man ihre Kraft.

Sprichwörter 14,4

Hast du Vieh, so kümmere dich darum, und bringt dir's Nutzen, so behalte es. *Sirach 7,24 (L)*

Boden

Sechs Jahre sollt ihr eure Felder bestellen, eure Weinstöcke beschneiden und den Ertrag einsammeln. Aber jedes siebte Jahr muss das Land ruhen; es feiert einen Sabbat zu Ehren des Herrn. Ihr dürft in diesem Jahr kein Feld bestellen und keinen Weinberg pflegen. Auch was sich selbst ausgesät hat, darf nicht abgeerntet werden und ungepflegt wachsende Weintrauben dürfen nicht abgelesen werden. Ihr müsst das Land unbedingt ruhen lassen. *3 Mose/Levitikus 25,3-5*

Besitz an Grund und Boden darf nicht endgültig verkauft werden, weil das Land nicht euer, sondern mein Eigentum ist. Ihr lebt bei mir wie Fremde oder Gäste, denen das Land nur zur Nutzung überlassen ist. *3 Mose/Levitikus 25,23*

Als Nachwort

Eins muss noch hinzugefügt werden: Der Lehrer war ein Weiser, der ständig sein Wissen an das Volk weitergab. Er untersuchte viele Sprichwörter und prüfte sie auf ihren Wahrheitsgehalt. Er verfasste auch selbst viele Sprichwörter. Er mühte sich, seinen Worten eine schöne Form zu geben, dabei aber ehrlich zu bleiben und die Wahrheit zu schreiben.
Die Worte weiser Lehrer wirken wie der spitze Stock, mit dem der Bauer seine Ochsen antreibt. Sprichwörter gleichen eingeschlagenen Nägeln: Sie bleiben fest sitzen. Sie sind eine Gabe Gottes, des einen großen Hirten.

Im Übrigen lass dich warnen, mein Sohn: Es werden viel zu viele Bücher geschrieben und das viele Grübeln kann dich bis zur Erschöpfung ermüden.
Fassen wir alles zusammen, so kommen wir zu dem Ergebnis: Nimm Gott ernst und befolge seine Gebote! Das ist alles, worauf es für den Menschen ankommt. Über alles, was wir tun, wird Gott Gericht halten, über die guten und die schlechten Taten, auch wenn sie jetzt noch verborgen sind.

Kohelet/Prediger 12,9-14

In gleicher Ausstattung erschienen

jeweils mit 4 Meditationsbildern
von Irmhild Reinker-Schlüter

Ingo Sperl, Die Fülle meiner Jahre
Ein Wegbegleiter in der Zeit des Älterwerdens
ISBN 3-438-04405-6

Nicht allein gelassen
Eine Handreichung zur Begleitung
von schwer kranken und sterbenden Menschen
ISBN 3-438-04406-4

Ingo Sperl, Ein Horizont der Hoffnung
Hilfen auf dem Weg der Trauer
ISBN 3-438-04407-2

Rainer Bareis, Du führst mich an deiner Hand
Ein Wegbegleiter in Tagen der Krankheit
ISBN 3-438-04426-9